AF259937
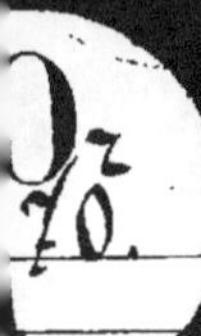

LES QUATRE

COÏNCIDENCES

DE DATES.

LES QUATRE

COÏNCIDENCES

DE DATES.

A BRUXELLES,

Chez Weissenbruch, Imprimeur du Roi et de la Ville, rue du Musée, n°. 1057.

1819.

Madame,

Le récit que j'ai eu l'honneur de faire acciden-
tellement, devant vous, de quelques circonstances
remarquables de la négociation entre le Portugal et
la France, en 1807, a paru vous intéresser, puisque
vous m'avez si fortement recommandé d'en conserver
et perpétuer le souvenir dans ma famille.

« Il y a des situations pénibles dans la vie, me
» disiez-vous, mais lorsqu'on en est sorti avec la
» conscience d'avoir fait son devoir, et sur-tout
» lorsque le résultat a été heureux pour le souve-
» rain et pour la patrie, on aime à s'en rappeler
» toutes les circonstances, sur-tout celles où le hasard
» vous a extraordinairement bien servi.

» Après l'orage, c'est un amusement pour l'es-
» prit, et, même à votre insçu, vous en tirez une

» sorte de confiance pour l'avenir qui est encore un
» bonheur quand on a à se plaindre des hommes ou
» à craindre l'incertitude des événemens. »

J'en conviens, Madame, et je me serais empressé
de me conformer à votre conseil, dans l'espérance
de vous offrir un jour le résultat de mon travail,
si je ne voyais pas qu'il m'est impossible, en ce moment, de rien composer, et même de déterminer
l'époque à laquelle j'aurai le loisir de m'occuper d'un
ouvrage qui méritât au moins le titre d'un essai his-
torique sur cet événement mémorable de l'histoire
moderne.

Ne pouvant écrire maintenant que de mémoire,
éloigné, comme je le suis, de mes papiers, et sur-
tout des pièces officielles qu'il faudrait consulter, je
me suis borné, dans l'écrit ci-joint, à rapporter
les quatre coïncidences de dates, de jours et presque de minutes, qui vous ont paru les plus frap-
pantes.

Tel est le sujet de l'écrit que j'ai l'honneur de vous
offrir.

Paris, ce 18 décembre 1818.

J'entre en matière :

Je me trouvais à Londres au mois de juin 1807,
dans un embarras tel que je ne crois pas en avoir
éprouvé de semblable dans ma vie. L'anxiété d'en
sortir était extrême, la difficulté d'en sortir conve-
nablement me paraissait invincible. Voici le fait :

. La nouvelle de la bataille de Friedland venait d'arriver. Le résultat des négociations de paix entamées à Tilsit était prévu ou peu douteux. Je voyais bien que Napoléon, assuré du Nord, reviendrait aussitôt à Paris, et ne tarderait pas à développer ses plans sur la péninsule.

L'heure du Portugal était sonnée; tout le monde voyait cela, excepté le gouvernement de S. A. R., qui se reposait tranquillement sur la foi d'un traité de neutralité (1) qu'il avait acheté trois à quatre ans auparavant.

. Le cas de 1807 n'était pas prévu. Je n'avais donc reçu aucunes instructions, ni positives ni éventuelles, et comment s'y attendre? L'année précédente encore (en 1806) le gouvernement portugais avait non-seulement rejeté les secours militaires

----

(1) Ce traité fut signé à Lisbonne, au mois de 1804, par M. S. M. Pinto et par le général Lasnes. Il coûta dix millions de francs et toutes les faveurs commerciales demandées par Napoléon.

Le Portugal avait fait sa paix séparée avec la France le 29 septembre 1801. Le traité fut signé à Madrid, par M. C. R. Freire, et par Lucien Bonaparte. Il coûta 17 millions de francs donc cinq pour Lucien.

Napoléon prétendit cependant que la guerre que l'Angleterre lui faisait en 1803 étant une continuation de la précédente, le Portugal se trouvait en état de guerre avec la France, et on se crut forcé à Lisbonne de faire le nouveau traité dont j'ai parlé plus haut, plutôt que de se défendre contre une agression aussi injuste et une attaque aussi déhontée.

que l'Angleterre allait lui envoyer lors de la fausse alarme que lord Lauderdale (effrayé des menaces de M. de Talleyrand) (1) avait donnée, mais il avait refusé même les secours pécuniaires illimités que l'Angleterre lui offrait pour remonter son armée et son trésor ; et se préparer ainsi pour un événement qui paraissait inévitable plus tôt ou plus tard.

Je voyais donc l'orage qui allait fondre sur S. A. R. et sur ma patrie. Je savais que tous les honnêtes gens en Portugal étaient accoutumés à

----

(1) Ce n'était effectivement qu'un stratagème de M. de Talleyrand pour effrayer M. Fox et l'engager à céder sur quelques points de la négociation. M. de Talleyrand déclara formellement à lord Lauderdale, que, si la paix n'était pas conclue, l'armée de Bayonne se mettrait de suite en marche pour faire la conquête du Portugal, et lui annonça le partage de ce royaume à-peu-près tel qu'il a été réglé l'année suivante dans le traité de Fontainebleau. M. de Lima s'empressa de plaider la cause du Portugal auprès de lord Lauderdale, et lui remit une note très-pressante à ce sujet. M. Fox était presque mourant lorsque cette communication arriva en Angleterre ; ses collègues effrayés, au lieu de fléchir dans la négociation, envoyèrent à lord Saint-Vincent l'ordre de se rendre immédiatement à Lisbonne avec un détachement de l'escadre qui bloquait Brest ; lord Rosslyn y fut expédié aussitôt en qualité d'envoyé extraordinaire ; le général Simcoe l'accompagnait ; tous les trois pour se concerter avec le gouvernement portugais sur les mesures à prendre.

En Angleterre on suspendit le départ de dix mille hommes destinés pour la Sicile, et on me proposa de les envoyer tout

espérer des secours de l'Angleterre, dans les embarras de leur pays, et j'étais sûr qu'ils m'attribueraient la faute et m'imputeraient, Dieu sait quel genre de blâme, si l'armée française y entrait sans éprouver de résistance.

De l'autre côté, je n'osais rien demander au gouvernement anglais, dans la crainte d'être désavoué par mon ministère. Que faire ? Je levais les yeux au ciel; mais aucun rayon de lumière n'en descendait pour m'éclairer.

C'est sur ces entrefaites, et dans l'état de per-

---

de suite en Portugal, ce que je n'ai pas approuvé. Il se passa quelque temps avant que M. d'Araujo et moi nous eussions convaincu le ministère anglais que le tout n'était qu'une fausse alarme. On voulut en tirer parti cependant, et la mission extraordinaire à Lisbonne s'efforça d'engager S. A. R. à prendre des mesures pour le temps à venir; car la manière dont M. de Talleyrand s'était expliqué, prouvait au moins le peu de fond qu'il fallait faire sur le traité de neutralité. On représenta à S. A. R. que le délabrement de son armée et de son trésor étaient des objets de notoriété publique. On la pria, on la supplia d'accepter les offres pécuniaires illimitées de la Grande-Bretagne, pour remettre ces deux départemens en bon ordre. J'ai été prié de transmettre à ma cour les mêmes offres, et j'en ai rédigé, avec lord Grenville, les termes de la manière la plus ample et la plus claire. Tout fut refusé, sous prétexte qu'on n'aurait fait que compromettre la neutralité.

Cette négociation de 1806, moins importante dans ses résultats que celle de 1807, est très-peu connue; elle mérite de l'être un peu plus; mais les détails seraient trop longs pour les renfermer dans une note.

plexité impossible à décrire où je me trouvais depuis quelques semaines, qu'on m'annonça la visite du colonel Humphrey, mon ancienne connaissance, et ci-devant consul et ministre des États-Unis a Lisbonne et à Madrid.

Je le reçus avec bien du plaisir. Il m'apportait des nouvelles de mes parens et de mes connaissances à Paris ; je n'en avais point reçu depuis long-temps. Après un nombre de questions et de réponses à ce sujet, je demandai au colonel, s'il repartait aussitôt pour les États-Unis, ou bien s'il ferait quelque séjour à Londres. Ma demande n'avait d'autre but, d'autre motif que le désir de déterminer l'honnêteté que je pourrais lui faire ; en peu de mots, je désirais savoir si j'aurais le temps de lui donner un grand dîner pour lequel, à Londres, dans la belle saison, il faut se prendre quelques jours d'avance ; ou bien, si je devais me borner à lui donner une société limitée, telle que je pourrais me la procurer à la hâte. Il me répondit qu'il comptait s'arrêter quelque temps à Londres, parce qu'il était curieux de voir ce qui se passerait dans le midi, avant de partir pour l'Amérique.

Que voulez-vous dire par cela, lui répliquai-je? Il me répond :

« C'est clair. Après la catastrophe qui a eu lieu » dans le Nord, je m'attends à une semblable dans » l'Ouest, en Espagne et en Portugal. »

Le dialogue était en anglais.

J'interprétai mal le mot *je m'attends* (1), j'ai cru qu'il disait «*j'espère*» et je repris vivement, que cela n'était pas bien de sa part, qu'il ne fallait pas désirer une pareille chose. Je m'échauffai : les soupçons que j'avais conçus depuis quelque temps contre les Américains, se réveillèrent fortement dans mon esprit.

Je les soupçonnais de pousser Napoléon contre le Portugal, afin de s'emparer de notre navigation, comme les Hollandais avaient fait en 1797 avec le Directoire, dans l'espoir de se faire rendre leurs établissemens par les Anglais. J'adressai quelques mots sévères contre ceux qui veulent pêcher dans l'eau trouble. Il me dit « qu'en faisant le parallèle des for- » ces du Nord avec celles du Portugal, il n'était pas » possible de douter que le dernier ne succombât en- » core plus facilement que le premier. »

J'insiste.

Il prétend que ce serait un miracle.

Je lui dis que ce miracle aurait lieu. « Que nous » vivions dans des temps où les choses arrivaient tou- » jours différemment qu'on ne s'y attendait. Que » mon séjour à Londres, depuis quatre à cinq ans, » était aussi un miracle, puisque je n'avais pas cru » en 1803, quand j'y arrivai, que j'y serais resté au-

---

(1) Le colonel probablement a dit : *I expec'* ou *it is to be expected*. Je compris mal le terme ; je l'interprétai comme s'il avait dit : *I hope* ou *it is to be hoped for*.

» delà de trois mois. » En un mot, notre dialogue devint si vif, et nous nous échauffâmes si bien, que le colonel, prenant son chapeau et sa canne, s'en alla brusquement. J'en fis autant de mon côté ; il ne fut plus question d'honnêteté ni de dîner. Je sortis furieux et sans savoir ce que je faisais. Je cours à Downing-street, au bureau des affaires étrangères, j'entre chez M. Hammond, le sous-secrétaire d'état, lequel, étonné de me voir dans l'agitation où j'étais, me demanda ce que j'avais, ce qui m'était arrivé ? — Je lui dis : Un diable d'Américain, etc. etc. etc., et je lui raconte tout ce que j'ai dit ci-dessus, en détail.

Eh ! que voulez-vous donc faire, me demande M. Hammond ?

— Je veux mander à ma cour quelque chose qui puisse adoucir l'effet des premières menaces que S. A. R. va sûrement essuyer de la part de Napoléon, à peine arrivé à Paris.

— Mais encore que pouvons-nous faire pour vous, que pouvons-nous vous dire ?

— Je voudrais au moins mander que vous tolérerez la clôture des ports, si Napoléon s'en contente.

— Eh bien! entrez chez M. Canning, et dites-lui cela.

J'entre chez M. Canning ; même étonnement, mêmes questions, même récit. Il m'autorise enfin à mander à ma cour ce que je viens de dire.

§. Cette participation est arrivée à S. A. R. le jour

même, ou un jour avant les propositions (1) envoyées par M. de Lima, ambassadeur de Portugal à Paris, lesquelles lui avaient été communiquées verbalement, par M. d'Hauterive, sur un ordre verbal de Napoléon, et un jour ou deux avant celui où les mémoires menaçans de MM. de Rayneval et de Campo-Alange furent remis à M. d'Araujo.

S. A. R. fut donc moins effrayée des menaces qu'elle reçut. Elle me sut bon gré de la démarche que j'avais faite à Londres, et me fit faire des remercîmens par son ministre d'état.

§. Il est évident que cette coïncidence heureuse de dates, et le résultat favorable qu'elle a produit, ont été le pur effet du hasard de la visite inattendue du colonel Humphrey.

§. Les coïncidences de dates qui vont suivre ont été plutôt l'effet des vents favorables en été pour le

---

(1) Le courrier de M. de Lima est arrivé à Lisbonne, le 9 ou le 10 d'août.

La note présentée par MM. de Rayneval et de Campo-Alange, était datée le 12 août, et fut remise ledit jour.

Les propositions de Napoléon étaient: 1° que S. A. R. eût à prendre ses mesures pour se trouver en état de guerre avec l'Angleterre, le 1er septembre, par conséquent en vingt jours de temps ; 2° qu'elle fermât de suite ses ports aux Anglais ; 3° qu'elle joignît ses vaisseaux de guerre aux vaisseaux français et espagnols ; 4° et 5° qu'elle mît le séquestre sur les propriétés anglaises, et ordonnât la détention de tous les sujets anglais qui se trouveraient en Portugal.

On ne se donnait pas même la peine de faire mention du traité de neutralité, signé en 1804.

(14)

passage d'Angleterre en Portugal; mais elles sont également remarquables, comme on le verra, par l'influence qu'elles ont eue sur la négociation.

2ᵉ *Coïncidence heureuse de dates.*

La réponse (1) que fit S. A. R. aux demandes de Napoléon, me fut envoyée avec l'ordre de la communiquer au cabinet de Londres, et de lui faire certaines propositions (2). Cet ordre m'est parvenu le 26 du même mois; et à la suite de plusieurs conférences avec les ministres anglais, j'ai obtenu leur réponse en date du 3 ou du 4 septembre. Je l'expédiai sur-le-champ, et le vent, favorable à mes vœux, l'apporta à Lisbonne, vers le 15 de septembre, à-peu-

____

(1) La réponse de S. A. R. était un peu équivoque. S. A. R. ne se refusait proprement qu'aux deux dernières demandes touchant les propriétés et les sujets anglais; mais elle demandait du temps pour l'exécution des autres.

(2) Les propositions que j'eus ordre de faire au cabinet de Londres, contenaient, en premier lieu, l'assurance formelle que le séquestre sur les propriétés, et la détention des sujets anglais, ainsi que la réunion des vaisseaux de guerre, n'auraient pas lieu.

Des remercîmens sur la clôture accordée des ports, et la demande d'une escadre anglaise pour renforcer l'escadre portugaise dans le cas où le passage au Brésil deviendrait inévitable; en outre, il m'était ordonné d'engager le ministère anglais à réaliser l'idée d'une guerre apparente, idée que l'abbé de Mably avait suggérée, après coup, dans son ouvrage bien connu du *Droit public.*

Le ministre anglais à Lisbonne appuyait beaucoup ce conseil.

près dans le même temps que la première réplique de Napoléon à la réponse de S. A. R. arriva à Lisbonne. Celle du gouvernement anglais était rassurante (1); elle donnait des espérances de salut, elle servit beaucoup à mitiger l'effet de celle qui venait de Paris, qui était furieuse (2).

3e *Coïncidence heureuse de dates.*

La discussion devint chaque fois plus vive. S. A. R., fidèle à la promesse qu'elle avait faite au cabinet de Londres, permit à quatre grands convois de sortir des ports de *Lisbonne* et de Porto, chargés de toutes les propriétés que les Anglais avaient en Portugal, et elle y ajouta la faveur d'un délai illimité pour le paiement des droits de sortie. C'est après le départ de ces quatre convois avec tous les sujets anglais qui ont voulu quitter le royaume, que S. A. R. a publié

---

(1) Le cabinet de Londres, tout en traitant de chimérique le projet d'une guerre apparente, offrait à S. A. R., pour favoriser son passage au Brésil, les mêmes secours qu'il aurait accordés pour la défense du Portugal, si l'on préférait ce dernier parti. Il promettait donc l'escadre, et toute sorte d'assistance pour cet objet.

(2) Napoléon disait avec une apparence de raison, qu'il ne concevait pas les difficultés que l'on faisait seulement aux deux dernières propositions, lesquelles étaient entièrement à l'avantage de S. A. R., puisque les propriétés et les sujets anglais qu'il détiendrait en Portugal, lui serviraient de gage ou de compensation pour les pertes de même genre qu'il craignait tant que les Anglais ne lui fissent éprouver sur mer.

són décret du 22 octobre 1807 (1), qui fermait les ports à tout bâtiment anglais.

Napoléon devint furieux, apparemment à la nouvelle de la faveur accordée aux Anglais de sortir avec leurs propriétés. Il déclara à son cercle, et devant tout le corps diplomatique, *que la maison de Bragance avait cessé de régner.*

L'armée de Bayonne se mit en mouvement. L'ambassadeur de Portugal partit de Paris en cour-

---

(1) Dans ce décret, d'ailleurs très-court, S. A. R. motive sa résolution sur le parti qu'elle a pris : « *de s'unir à S. M. l'Em-* » *pereur des Français et Roi d'Italie, ainsi qu'à S. M. Catho-* » *lique, dans la cause du continent, afin d'accélérer la paix* » *maritime.* »

S. A. R. ne prévoyait pas sûrement ce qui se passait en France à la même époque, tout comme Napoléon ne se doutait pas des dispositions de S. A. R. en sa faveur.

Les paroles soulignées ont été apparemment insérées dans le but de cajoler Napoléon ; mais elles ont fait une très-mauvaise impression en Angleterre où tout le monde les a prises dans le sens d'une déclaration formelle de guerre ; même les négocians portugais résidant à Londres. Toutefois le cabinet anglais a consenti à regarder cette démarche comme forcée, et l'a ainsi déclarée dans son fameux ordre du conseil du 25 novembre 1807, lequel, malgré la clôture des ports du Portugal à ses vaisseaux, assurait à tous les bâtimens marchands portugais la libre navigation.

Il faut cependant avouer ici, que l'on ignorait le 25 à Londres ce qui était arrivé à Lisbonne les 8 et 11 du même mois. Les vents ont continué à favoriser la cause de S. A. R. ; par cela même qu'ils accéléraient le passage d'Angleterre en Portugal, ils retardaient le voyage de Portugal en Angleterre.

(17)

rier, et arriva à Lisbonne le 31 octobre ou le 1er novembre. Il était porteur de la promesse faite par....

« Que les troupes françaises n'entreraient pas
» en Portugal, si S. A. R. changeait de résolution,
» et mettait le séquestre sur les propriétés anglai-
» ses, etc., etc., etc. »

Le même jour, ou la veille, arriva à Lisbonne le
capitaine Vasconcellos, porteur de la convention (1)
que j'avais eu l'ordre de signer avec les ministres anglais, laquelle est datée du 22 octobre.

------

(1) Pour bien comprendre ce qui est dans le texte, quelque
explication est indispensable.

Aussitôt que les négocians anglais eurent le soupçon que les
ports du Portugal pourraient leur être fermés, ils insistèrent
auprès de leur gouvernement (sur-tout ceux qui faisaient des
affaires avec l'île de Madère) pour que cette île fût occupée par
une garnison anglaise, comme elle l'avait été, en pareil cas,
l'année 1801. Je m'y opposai, et, après de longues alterca-
tions pendant plusieurs jours, M. Canning consentit à arrêter
l'expédition destinée pour aller, au mois d'août, à Madère, à
condition que S. A. R. enverrait des pleins-pouvoirs pour faire
une convention sur tous les points en question ; tels que l'occu-
pation de Madère, les vaisseaux de guerre portugais, les propriétés anglaises, etc. etc. etc.

Les pleins-pouvoirs me furent envoyés, parce que M. d'Araujo
avait demandé qu'on n'envoyât point à Lisbonne, comme l'année précédente, une mission extraordinaire, et que M. Canning
disait qu'il ne voulait pas abandonner cette négociation à lord
Strangford.

La convention fut basée sur deux hypothèses : la première,
si les Français n'entraient point en Portugal, et que S. A. R. y

- Les deux missions agirent encore ici en sens contraire.

4ᵉ. *Coïncidence heureuse de dates.*

La convention que j'avais signée ne cadrait pas avec le conseil apporté par M. de Lima; il l'emporta cependant; et, le 8 novembre, fut rendu le décret qui ordonnait le séquestre de toutes les propriétés anglaises, et la détention de tous les sujets anglais qui se trouvaient en Portugal.

---

restât, les ports étant fermés aux Anglais; la deuxième, si les Français s'obstinaient à entrer en Portugal, et que S. A. R. passât au Brésil.

ADDITION.

J'ai supprimé une cinquième coïncidence de dates très-remarquable, parce qu'il ne me paraît pas qu'elle mérite la qualification d'heureuse; je la nommerai seulement singulière : et un lecteur attentif l'aura peut-être remarqué dans le récit précédent. Elle consiste en ce que, le même jour, 22 octobre 1807, chacun des trois cabinets de Lisbonne, Paris et Londres, a adopté des mesures décisives pour la négociation dont il s'agit, et tous les trois dans un sens opposé; ces mesures étant fondées sur l'ignorance dans laquelle chacun se trouvait des véritables sentimens de l'autre dans le moment où il se décidait.

S. A. R., en s'unissant par son décret de cette date à S. M. l'empereur des Français, etc. etc.

Napoléon, en renvoyant l'ambassade portugaise.

Le cabinet de Londres, en signant avec moi la convention dont j'ai parlé plus haut.

Quoique l'effet de ce décret fût en grande partie illusoire , si l'on a fait attention à ce que j'ai dit ci-dessus, le ministre d'Angleterre fit ôter les armes de son souverain de dessus la porte de son hôtel, et se retira le 11 , avec toutes les personnes de sa légation, à bord de l'escadre de sir Sidney Smith, qui croisait sur la côte, et qui, jusqu'alors, s'était conformé aux instructions qu'il avait de ne point paraître devant Lisbonne. En conséquence du départ du ministre britannique, sir Sidney Smith ordonna le blocus du port de Lisbonne ; les saisies de bâtimens marchands portugais commencèrent alors, et continuèrent sans relâche, dans les quatre parties du monde, même après le départ de S. A. R. pour le Brésil.

Avec ce commencement d'hostilités maritimes, de la part des Anglais, nous combinions à Londres les avis que nous avions successivement reçus des hostilités commises en France, à commencer par le séquestre mis sur les bâtimens portugais qui se trouvaient dans les ports de France et de Hollande ; l'ordre donné à l'ambassade portugaise à Paris, de sortir de la capitale et du royaume, dans un temps donné ; les rapports vagues sur le traité de Fontainebleau, et enfin le *Moniteur* du 11 novembre, qui répétait la phrase célèbre, *que la maison de Bragance avait cessé de régner,* etc. etc. Mais ce qui acheva de nous consterner, ce furent les rapports qui nous arrivèrent des ports d'Espagne, sur la côte opposée, c'est-à-dire Saint-Sébastien, Bilbao et Saint-Ander, lesquels nous certifiaient la marche rapide, et, pour ainsi dire, au galop, de l'armée de Bayonne, dans la direction du Portugal ; et les discours tenus par le général Junot, et par les autres généraux et officiers français, à Vittoria , Burgos et Valladolid, ne laissaient aucun doute sur leurs intentions.

La perte de S. A. R., mise entre deux feux , nous parut inévitable, à moins de quelque miracle qui intervînt pour le sauver. Nous avions d'autant plus raison de le craindre, que, loin de s'en douter, S. A. R. avait dégarni ses frontières de troupes, et les avait toutes fait marcher vers les côtes, pour s'opposer à quelques tentatives de la part des Anglais; chose impossible dans ce moment-là. Je priai les ministres anglais de m'aider à tenter un dernier effort, en m'accordant un bâtiment fin voilier , qui jetât , sur la côte du Portugal, un courrier que j'enverrais avec mes dépêches et une lettre adressées à S. A. R. elle-même , pour l'avertir du danger qui la menaçait. On sent bien que les ports étant fermés aux bâtimens anglais, il n'était pas sûr qu'on le laissât entrer d'abord en parlementaire , et il importait beaucoup de gagner de vîtesse. Les ministres anglais se prêtèrent à ma demande, et joignirent à M. Menil, mon courrier, le courrier de cabinet anglais, M. Sylvestre. Ils furent expédiés ensemble sur un bâtiment léger adressé à l'amiral sir Sidney Smith, avec ordre de réexpédier, tout de suite, M. Menil, et, s'il était possible, le faire entrer à Lisbonne en parlementaire; si cela lui était impossible, M. Menil avait l'instruction de débarquer à Cascaes. M. Menil est entré en parlementaire à Lisbonne le 24 novembre, et a remis ses dépêches à M. d'Araujo, au moment même que S. A. R. recevait de trois personnes différentes, et principalement du général Le Cor, le rapport que l'avant-garde de l'armée française se trouvait déjà à Abrantès, c'est-à-dire à la distance de vingt lieues de Lisbonne.

Un conseil - d'état fut tenu immédiatement; et S. A. R. se décida à s'embarquer pour le Brésil, sur l'avis unanime de tous les membres du conseil. Toutes les mesures à cet effet furent prises rapidement, et le 26, S. A. R. annonça par un décret imprimé, la régence qu'il laissait en Portugal, et les instructions qu'il lui donnait de recevoir les troupes françaises comme amies. Le 27, S. A. R. a couché à bord de son vaisseau amiral. Le 28, le vent fut tout-à-fait contraire; le 29 au matin, il mit à la voile avec l'escadre portugaise, et nombre de bâtimens marchands qui s'y joignirent. Le même 29, au soir, ou le 30 au matin, le général Junot est entré à Lisbonne, avec l'avant-garde de son armée. Tous les soldats, harrassés de fatigue, déguenillés, sans souliers, et mourant de froid et de faim, furent reçus par les habitans de Lisbonne, de la manière la plus humaine et la plus amicale, conformément aux instructions que S. A. R. avait laissées. Si les vents (1) avaient retardé l'arrivée de mon courrier, de trois ou quatre jours, il eût été probablement inutile; il est impos-

---

(1) Aussitôt que S. A. R. fut en sûreté, les vents cessèrent de lui être favorables. On se rappellera qu'une horrible tempête l'assaillit le deuxième jour de son voyage, et dispersa toute l'escadre combinée ; mais S. A. R. et toute la famille royale arrivèrent sans accident au Brésil.

En Europe il en fut autrement. Nous fûmes long-temps en Angleterre, sans apprendre les changemens qui avaient eu lieu en Portugal après le 11 novembre. Je sentais pendant tout ce temps-là, à loisir, toute l'amèrtume de ma situation. Le ministère anglais se croyait joué, et ne m'écoutait plus. L'expédition destinée pour Madère , et arrêtée depuis le mois d'août, à Corke, en Irlande, eut l'ordre de mettre à la voile. J'ai eu beau représenter et demander qu'au moins on donnât au général Beresfort, qui la commandait, l'ordre de toucher à Lisbonne ou de s'aboucher avec sir Sidney Smith et avec lord Strangford, pour s'informer de ce qui serait arrivé dans l'intervalle; ma proposition ne fut pas écoutée. Le ministère envoya, au contraire, des ordres aux Grandes-Indes, pour qu'on s'emparât de Goa, etc. , et de Macao, en Chine.

L'expédition mit à la voile de Corke, à-peu-près le 8 décembre. Si les vents avaient été aussi complaisans qu'auparavant, et que le départ de S. A. R., le 29 novembre, eût été connu, l'expédition ne serait point partie, et je n'aurais pas éprouvé toutes les angoisses que la restitution de cette île m'a coûtées. Elle a été prise le 26 décembre 1807, à-peu-près un mois après que S. A. R. y avait passé. Le général Beresfort le savait bien alors ; mais ses ordres étaient si péremptoires, qu'il n'a pas cru qu'il lui fût permis de les interpréter ou d'en suspendre l'exécution , sur la connaissance qu'il venait d'acquérir de la réconciliation de S. A. R. avec les Anglais.

sible, au moins, de prévoir les conditions que S. A. R. aurait été dans le cas d'accepter du général Junot, une fois arrivé aux portes de Lisbonne; sur-tout si l'on réfléchit que S. A. R. ne voulait, en aucun cas, soutenir la guerre contre les Français, et qu'avant l'arrivée de M. Menil, elle craignait d'être en état de guerre avec les Anglais. M. Menil lui apportait au contraire l'assurance officielle que si la convention du 22 octobre dernier était ratifiée, et que S. A. R. passât au Brésil, tout serait oublié, et que les Anglais la recevraient à bras ouverts, de quelque manière qu'elle se présentât, etc. Poussée, d'un côté, par la trop juste crainte de tomber dans les mains de Junot, et de l'autre, encouragée par la certitude d'être bien accueillie des Anglais, S. A. R. s'est décidée à s'embarquer, heureusement encore à temps.

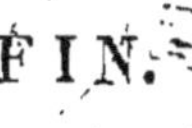

FIN.